MENSAGENS DE SAÚDE ESPIRITUAL

Solicite nosso catálogo completo, com mais de 350 títulos, onde você encontra as melhores opções do bom livro espírita: literatura infantojuvenil, contos, obras biográficas e de autoajuda, mensagens espirituais, romances, estudos doutrinários, obras básicas de Allan Kardec, e mais os esclarecedores cursos e estudos para aplicação no centro espírita – iniciação, mediunidade, reuniões mediúnicas, oratória, desobsessão, fluidos e passes.

E caso não encontre os nossos livros na livraria de sua preferência, solicite o endereço de nosso distribuidor mais próximo de você.

Edição e distribuição

EDITORA EME
Caixa Postal 1820 – CEP 13360-000 – Capivari-SP
Telefones: (19) 3491-7000 | 3491-5449
Vivo (19) 99983-2575 ◯ | Claro (19) 99317-2800
Tim (19) 98335-4094
vendas@editoraeme.com.br – www.editoraeme.com.br

Wilson Garcia
autores diversos

MENSAGENS DE SAÚDE ESPIRITUAL

ANTOLOGIA ESPÍRITA E POPULAR

Capivari-SP
– 2018 –

© 2014 Wilson Garcia e autores diversos

Os direitos autorais desta obra foram cedidos pelo autor para a Editora EME, o que propicia a venda dos livros com preços mais acessíveis e a manutenção de campanhas com preços especiais a Clubes do Livro de todo o Brasil.

A Editora EME mantém, ainda, o Centro Espírita "Mensagem de Esperança" e patrocina, junto com a Prefeitura Municipal e outras empresas, a Central de Educação e Atendimento da Criança (Casa da Criança), em Capivari-SP.

18ª reimpressão – janeiro/2018 – de 120.501 a 123.500 exemplares

CAPA | Marco Melo
DIAGRAMAÇÃO | Marco Melo
REVISÃO | EME

Ficha catalográfica elaborada na editora

Garcia, Wilson, diversos autores
Mensagens de saúde espiritual / Wilson Garcia e diversos autores – 18ª reimp. jan. 2018 – Capivari, SP : Editora EME.
152 p.

1ª Edição - jan. 1994
ISBN 978-85-7353-092-6

1. Mensagens de saúde espiritual. 2. Autoajuda. 3. Mensagens mediúnicas. I. TÍTULO

SUMÁRIO

Apresentação 7
1 – A oração e você 9
2 – A oração e o sentimento 13
3 – A prece da caridade 17
4 – A oração e a água 21
5 – A oração e o reconhecimento 25
6 – Farmácia de Deus 29
7 – A saúde em nossas mãos 33
8 – Doamos tudo: o carinho, a ternura
    e o coração 37
9 – Razões da minha dor 39
10 – A vontade da caminhada 45
11 – A vigilância previne males 49
12 – O mundo à minha volta 53
13 – O momento da tranquilidade 55
14 – Pílulas da verdade 59
15 – Erguendo a vida a cada dia 61
16 – O jardim de tua alma 65
17 – O valor da consciência 69

18 – Repensar para melhor pensar..........................73
19 – Experiências para crescimento......................77
20 – O equilíbrio vem de cima................................81
21 – Reconhecendo o Arquiteto..............................85
22 – Para afirmar a conquista 89
23 – Os ventos da inteligência 93
24 – Nos momentos mais difíceis............................97
25 – Organizando para bem viver 101
26 – Pequenas providências, grande vida............105
27 – Artérias novas no coração..............................109
28 – Segurando os desejos diários.........................113
29 – Algumas ideias luminosas 117
30 – Grandeza na simplicidade 121
31 – Distribuindo flores e perfumes 125
32 – Na tela do reconhecimento............................127
33 – Compreendendo o destino inevitável 131
34 – A casa do grande homem 135
35 – Recordando velhas mensagens.....................139
36 – A sabedoria da saúde......................................145
Obras de Wilson Garcia...147

APRESENTAÇÃO

Um livro com o título igual ao deste foi lançado tempos atrás pela **Editora EME** a preço de custo, com muito sucesso. Acalentou corações, levou paz e tranquilidade a muitas almas e fez desabrochar a flor da solidariedade em muitos espíritos encarnados em nossa Terra.

Em pouco tempo, a Editora atendeu a centenas de pedidos de exemplares, feitos por pessoas interessadas em oferecê-los como presente a amigos, parentes e até mesmo desconhecidos internados por esses hospitais do Brasil afora.

Alguns corações, entretanto, incomodados com a luz, interpuseram obstáculos ao livro, fazendo ameaças e exigindo a sua retirada de circulação. Não aceitaram dialogar, não desejaram abrir nenhum precedente para que o livro pudesse prosseguir, beneficiando tantos e tantos corações, despertando novos ânimos e devolvendo as esperanças àqueles que, nos embates do corpo, as haviam perdido.

Foi por este motivo que eu propus e a Editora aceitou refundir o livro, acrescentando outros trabalhos e intercalá-los com alguns comentários, assumindo a inteira responsabilidade por ele, na certeza de estar com a verdade e poder repor no celeiro das almas as migalhas de amor que lhes foram retiradas, indevidamente.

Ao aceitar a minha proposta, a **Editora EME** revelou a sua disposição de prosseguir um trabalho em boa hora iniciado, na certeza de poder continuar os mesmos ideais daqueles volumes anteriormente lançados. Mantenho, pois, neste livro o mesmo título do anterior e sou desde já agradecido a você que o toma agora para leitura, nesta nova fase de sua circulação.

O autor

1

A ORAÇÃO E VOCÊ

Nos momentos de alegria ou de aflição, orar pode ser o caminho da manutenção ou conquista da paz. A oração é sublime, permitindo que você entre em contato com a espiritualidade para renovar suas energias. Não economize sentimentos nem se preocupe com as palavras na oração. Lembre-se de que, ao orar, você pode expressar três condições: pode pedir ajuda a Deus e aos bons espíritos, oferecer seus bons pensamentos e as boas energias que os acompanham, aos necessitados, e pode, também, agradecer por tudo aquilo que você está recebendo, especialmente pela oportunidade de viver.

Tão importante é o ato espontâneo de orar,

que nasce límpido do fundo da alma, que Jesus resolveu, um dia, oferecer um modelo de oração perfeita, na esperança de que o ser humano, meditando sobre seu conteúdo, pudesse aprender a orar de modo natural e carregado de verdadeiros e justos sentimentos. Muitos fizeram da oração de Jesus uma oportunidade de meditação. Veja como o espírito Monsenhor José Silvério Horta utilizou essa oportunidade, escrevendo sua bela poesia pela pena de Chico Xavier, conforme consta do livro *Parnaso de além-túmulo*:

Oração (pai nosso)

Pai nosso, que estás nos Céus
Na luz dos sóis infinitos,
Pai de todos os aflitos
Neste mundo de escarcéus.

Santificado, Senhor,
Seja o teu nome sublime,
Que em todo o Universo exprime
Concórdia, ternura e amor.

Venha ao nosso coração,
O teu reino de bondade,
De paz e de claridade
Na estrada redenção.

Cumpra-se o teu mandamento
Que não vacila nem erra,
Nos Céus, como em toda Terra
De luta e de sofrimento.

Evita-nos todo o mal,
Dá-nos o pão no caminho,
Feito de luz, no carinho
Do pão espiritual.

Perdoa-nos, meu Senhor,
Os débitos tenebrosos,
De passados escabrosos,
De iniquidade e de dor.

Auxilia-nos também,
Nos sentimentos cristãos,
A amar aos nossos irmãos
Que vivem longe do bem.

Com a proteção de Jesus
Livra a nossa alma do erro,
Neste mundo de desterro,
Distante da vossa luz.

Que a nossa ideal igreja,
Seja o altar da caridade,
Onde se faça a vontade
Do vosso amor... Assim seja.

2

A ORAÇÃO E O SENTIMENTO

Em São Francisco de Assis a oração encontra seu instante grandioso. É quando o sentimento se expande e a alma mostra sua grandeza, ao enxergar as necessidades alheias e descobrir que pode curar suas próprias chagas ao se dispor a trabalhar pelo próximo. O espírito, envolto nessa luz fantástica da caridade, deseja ser um instrumento sublime da felicidade do outro; quer unir, pela paz, apagando o ódio, unindo corações, implantando a esperança, consolando. E atinge o ponto máximo, o seu ápice, ao demonstrar sua compreensão para o fato elevado, só atingível pelo sentimento mais puro, de que quando se dá, perdoa e morre para os desejos menores da Terra é que se recebe o entendimento precioso da verdadeira felicidade. Eis, pois, como Francisco de Assis abre seu coração para o Universo, e deixa sua alma falar a Jesus:

Senhor!
Fazei de mim um instrumento de tua paz!
Onde houver ódio, fazei que eu leve o amor,
onde houver ofensa – que eu leve o perdão,
onde houver discórdia – que eu leve a união,
onde houver dúvidas – que eu leve a fé,
onde houver erros – que eu leve a verdade,
onde houver desespero – que eu leve a esperança,
onde houver tristeza – que eu leve a alegria,
onde houver trevas – que eu leve a luz!

Ó Mestre! fazei que eu procure mais
consolar, que ser consolado,
compreender que ser compreendido,
amar que ser amado...

pois:
é dando que se recebe,
é perdoando que se é perdoado
e é morrendo que se vive para a Vida Eterna.

3

A PRECE DA CARIDADE

PODE O CORAÇÃO mais envolto em sofrimentos encontrar os instantes de repouso e meditação. Esse oásis de paz, em meio ao turbilhão da dor, surge encantado quando a alma se volta para o Ente Maior, Deus, e abre-se, de par em par, mostrando suas chagas e o desejo de aprender a sofrer, bendizendo a vida. O pensamento, nesse instante, age em nosso benefício, alterando as energias que nos envolvem, substituindo aquelas que nos abrasam e aumentam o sofrimento, por outras mais leves e agradáveis.

A oração, conduzida pelo pensamento de compreensão e fé, retorna dos píncaros da espiritualidade onde alcança, plena de esperanças; quando retorna ao coração donde brotou, dá-lhe um halo de alívio e um fulgor de vida tão profundos, que a alma se coloca momentaneamente em êxtase, sem palavras para explicar este instante inigualável. É hora, pois, de renovar as disposições para com a vida, como o fez este espírito que assinou "Cáritas", em mensagem dada à médium Mme. W. Krill, em Bordéus, na França, no século passado:

Prece de Cáritas

Deus, nosso Pai, que sois todo Poder e Bondade, dai a força àquele que passa pela provação, dai a luz àquele que procura a verdade, ponde no coração do homem a compaixão e a caridade.

Deus! Dai ao viajor a estrela guia, ao aflito a consolação, ao doente o repouso.

Pai! Dai ao culpado o arrependimento, ao espírito a verdade, à criança o guia, ao órfão o pai.

Senhor! Que vossa bondade se estenda sobre tudo que criastes.

Piedade, Senhor, para aqueles que vos não conhecem, esperança para aqueles que sofrem.

Que a vossa bondade permita aos espíritos consoladores derramarem por toda parte a paz, a esperança e a fé.

Deus! Um raio, uma faísca do vosso amor pode abrasar a Terra; deixai-nos beber nas fontes dessa bondade fecunda e infinita, e todas as lágrimas secarão, todas as dores se acalmarão.

Um só coração, um só pensamento subirá até vós, como um grito de reconhecimento e de amor.

Como Moisés sobre a montanha, nós vos esperamos com os braços abertos, oh! Poder, oh! Bondade, oh! Beleza, oh! Perfeição, e queremos de alguma sorte merecer a vossa misericórdia.

Deus! dai-nos a força de ajudar o progresso a fim de subirmos até vós; dai-nos a caridade pura, dai-nos a fé e a razão; dai-nos a simplicidade que fará das nossas almas o espelho onde se refletirá a Vossa Imagem.

4

A ORAÇÃO E A ÁGUA

A ORAÇÃO SINCERA e humilde pode tudo; pode trazer a paz, quando a solução definitiva dos problemas se encontra ainda distante, bem como pode trazer o alívio parcial e até a cura definitiva de males que nos afligem. Expressa ela as intenções do pensamento, atinge as energias que o Universo dispõe para todos nós, à nossa volta, e faz-nos dar a essas energias a nossa qualidade de alma. Se o querer é poder, o pensamento é a fonte desse querer, o centro da conquista, portanto, do poder.

Um simples copo d'água, colocado próximo ao local onde oramos, pode se transformar num auxiliar importante para o nosso bem-estar físico-espiritual. Sem querer transformá-lo em instrumento permanente e incondicional de auxílio, podemos utilizar a água, vez ou outra, incitando através da oração a que os bons espíritos nela depositem boas energias, e as ingerimos, certos de seus benefícios. Eis como a isso, de modo claro, se refere Emmanuel, pela psicografia de Chico Xavier, conforme consta do livro *Segue-me...*, da Editora O Clarim:

Água fluidificada

"E qualquer que tiver dado só que seja um copo d'água fria, por ser meu discípulo, em verdade vos digo que, de modo algum, perderá o seu galardão". (Mateus, X, 42.)

Meu amigo, quando Jesus se referiu à bênção do copo de água fria, em seu nome, não apenas se reportava à compaixão rotineira, que sacia a sede comum. Detinha-se o Mestre no exame de valores espirituais mais profundos.

A água é dos corpos mais simples e receptivos da Terra. É como que a base pura, em que a medicação do Céu pode ser impressa, através de recursos subs-

tanciais de assistência ao corpo e à alma, embora em processo invisível aos olhos mortais.

A prece intercessória e o pensamento de bondade representam irradiações de nossas melhores energias.

A criatura que ora ou medita exterioriza poderes, emanações e fluidos que, por enquanto, escapam à análise da inteligência vulgar, e a linfa potável recebe-nos a influenciação, de modo claro, condensando linhas de força magnética e princípios elétricos, que aliviam e sustentam, ajudam e curam. A fonte que procede do coração da Terra e a rogativa que flui do imo d'alma, quando se unem na difusão do bem, operam milagres.

O espírito que se eleva na direção do Céu é antena viva, captando potenciais da natureza superior, podendo distribuí-los a benefício de todos os que lhe seguem a marcha.

Ninguém existe órfão de semelhante amparo.

Para auxiliar a outrem e a si mesmo, bastam a boa vontade e a confiança positiva.

Reconheçamos, pois, que o Mestre, quando se referiu a água simples, doada em nome de sua memória, reportava-se ao valor real da providência, em bene-

fício da carne e do espírito, sempre que estacionem através de zonas enfermiças.

Se desejas, portanto, o concurso dos amigos espirituais, na solução de tuas necessidades fisiopsíquicas ou nos problemas de saúde e equilíbrio dos companheiros, coloca o teu recipiente de água cristalina, à frente de tuas orações, espera e confia.

O orvalho do Plano Divino magnetizará o líquido, com raios de amor, em forma de bênçãos, e estarás, então, consagrando o sublime ensinamento do copo de água pura, abençoado nos Céus.

5

A ORAÇÃO E
O RECONHECIMENTO

Nos momentos de calma, quando nossa alma está em meditação sobre os problemas da vida, a oração surge naquele que é humilde, como um profundo reconhecimento junto a Deus, da sua felicidade. É um instante cheio de paz e elevação, capaz de projetar os espíritos às mais sublimes alturas. É a hora em que as asas da razão e do sentimento, equilibradas, transportam o ser por um universo quase insondável, onde encontra ele o êxtase indescritível da compreensão, que nenhum poeta ou brilhante escritor consegue traduzir.

Reconhecer a realidade do mundo, vendo-o tão diverso e tão uno; entender a distribuição das virtudes, de modo que à aparência – e tão somente nela – surge a injustiça da criação; localizar a tranquilidade com que os mundos rolam pelo espaço e conseguir olhar ao longe, para divisar o porto seguro onde cada um chegará; sentir tudo isso, e ainda assim poder expressar o sentimento de satisfação por não fazer parte dos que ainda lamentam e choram; enfim, poder, até por estes aflitos do momento, agradecer a Deus pela beleza da vida, eis a magnitude da alma que conseguiu romper as barreiras do mundo miúdo, como Michael Quoist, em sua

Ação de graças

É maravilhoso, Senhor, ter
braços perfeitos,
Quando há tantos mutilados!
Meus olhos perfeitos
quando há tantos sem luz!
Minha voz que canta,
quando tantas emudeceram!
Minhas mãos que trabalham,

quando tantas mendigam!
É maravilhoso voltar para casa,
quando tantos não têm para onde ir!
É maravilhoso:
amar, viver, sorrir, sonhar!
quando há tantos que choram,
odeiam, revolvem-se em pesadelos,
morrem antes de nascer.
É maravilhoso ter um Deus para crer,
quando há tantos que não têm
o consolo de uma crença.
É maravilhoso Senhor, sobretudo,
ter tão pouco a pedir,
tanto a agradecer.

6

FARMÁCIA DE DEUS

A oração é um poderoso auxiliar para a cura de nossos males. O coração materno, assim como aquele que ama de fato, se despedaça muitas vezes ante a dor alheia. E a prece é um caminho que encontramos para aliviar esses sofrimentos atrozes, que, dilacerando o coração do amado, corrói nossas entranhas. Na oração, podemos aperfeiçoar a qualidade de nossos sentimentos, a expandir-se sobre as energias que nos contornam, direcionando-se para aqueles a quem pretendemos auxiliar. Essas energias, bem o sabemos, podem favorecer a sua recuperação e, até, a cura total.

A dor, contudo, nos ensina a ter paciência. O resultado que aspiramos pode não vir na forma que desejamos. A continuidade da doença será, muitas vezes, a oportunidade de solução dos problemas da alma a quem amamos. É preciso, portanto, olhar para essa realidade e compreender os desígnios de Deus, como nos ensina Emmanuel nesta página de seu livro *Seara de médiuns*, psicografado por Chico Xavier:

Oração e cura

Recorres à oração, *junto desse ou daquele enfermo, e sofres, quando a restauração parece tardia.*

Entretanto, reflete na Lei Divina a que todos, obrigatoriamente, nos entrosamos.

Isso não quer dizer devamos ignorar o martírio silencioso dos companheiros em calamidade do campo físico.

Para tanto, seria preciso não haver sentimento.

Sabemos, sim, quanto dói seguir, noite a noite, a provação de familiares, em moléstias irreversíveis; conhecemos, de perto, a angústia dos pais que recolhem no coração o suplício dos filhinhos torturados no berço; partilhamos a dor dos que gemem nos hos-

pitais como sentenciados à pena última, e assinalamos o tormento recôndito dos que fitam, inquietos, em doentes amados, os olhos que se embaciam...

Observa, porém, o quadro escuro das transgressões humanas que nos rodeiam.

Pensa nos crimes perfeitos que injuriam a Terra; na insubmissão dos que se rendem às sugestões do suicídio, prejudicando os planos da Eterna Sabedoria e criando aflitivas expiações para si mesmos; nos processos inconfessáveis dos que usam a inteligência para agravar as necessidades dos semelhantes e na ingratidão dos que convertem o próprio lar em reduto do desespero e da morte...

Medita nos torvos compromissos dos que se acumpliciam agora com os domínios do mal, e perceberás que a enfermidade é quase sempre o bem exprimindo reajuste, sustando-nos a queda em delitos maiores.

Organizemos, assim, o socorro da oração, junto de todos os que padecem no corpo dilacerado, mas, se a cura demora, jamais nos aflijamos.

Seja o leito de linho, de seda, palha ou pedra, a dor é sempre a mesma e a prece, em toda parte, é bênção, reconforto, amparo, luz e vida.

Lembremo-nos, no entanto, de que lesões e chagas,

frustrações e defeitos, em nossa forma externa, são remédios da alma que nós mesmos pedimos à farmácia de Deus.

7

A SAÚDE EM NOSSAS MÃOS

Somos espíritos viajores do Universo. Viemos de lugares distantes, passamos por países e cidades que acabaram, construímos civilizações que floresceram e permanecem, formamos um passado que se distende pela crosta terrestre, como uma longa via e carregamos uma bagagem que nos impulsiona, formada do caldo cultural de todas essas aventuras humanas.

Atingimos este hoje, reencarnados na Terra, com nossos sonhos ainda vivos, nossas emoções acossadas pela insegurança e nossa saúde física e espiritual correndo num fino fio de energias. Apesar de tudo, especialmente dos males que não controlamos, porque têm sua causa nas paragens distantes por onde passamos, há condições gerais que, se observadas com atenção, poderão nos favorecer na atualidade, neste ponto do Universo onde nos encontramos. Veja como André Luiz, em página colhida pelo psicógrafo Chico Xavier, traça algumas e importantes

Regras de saúde

1 – Guarde o coração em paz, à frente de todas as situações e de todas as cousas. Todos os patrimônios da vida pertencem a Deus.

2 – Não há equilíbrio sem harmonia espiritual. Apoie-se no dever rigorosamente cumprido.

3 – Cultive o hábito da oração. A prece é a luz na defesa do corpo e da alma.

4 – Ocupe o seu tempo disponível com o trabalho proveitoso, sem esquecer o descanso imprescindível ao justo refazimento. A sugestão das trevas chega até nós, pela hora vazia.

5 – Estude sempre. A renovação das ideias favorece a sábia renovação das células orgânicas.

6 – Evite a cólera. Enraivecer-se é animalizar-se, caindo nas sombras de baixo nível.

7 – *Fuja à maledicência. O lodo agitado atinge a quem o revolve.*

8 – *Sempre que possível, respire a longos haustos e não olvide o banho diário, ainda que ligeiro. O ar puro é precioso alimento e a limpeza é simples obrigação.*

9 – *Coma pouco. A criatura sensata come para viver, enquanto a criatura imprudente vive para comer.*

10 – *Use a paciência e o perdão infatigavelmente. Todos nós temos sido caridosamente tolerados pela Bondade Divina milhões de vezes e conservar o coração no vinagre da intolerância é provocar a própria queda na morte inútil.*

8

DOAMOS TUDO: O CARINHO, A TERNURA E O CORAÇÃO

A CARIDADE PURA se constitui num poderoso instrumento de progresso da alma. A caridade, na Terra, pode ser vista sob dois aspectos, igualmente importantes: o material e o espiritual. Dar é um ato de amor. Dar com sentimento puro é amar com sublimidade. O pão, o agasalho, o sapato, o brinquedo, a guloseima calam no coração dos que recebem, mas se refletem luminosamente na alma dos que oferecem. São pontos de luz que se transformam em saúde do corpo e do espírito.

Dar se reflete em equilíbrio, em paz, em esperanças, em vontade de prosseguir oferecendo. Quando o ser esbarra na incompreensão do mundo, nas ciladas da inimizade ou na violência do egoísmo alheio, ainda aí, o ato de dar de si transforma todas essas adversidades em energias salutares, bloqueando-lhes os malefícios para a saúde do corpo e do espírito. Numa pequenina mensagem de amor, nascida do íntimo mais iluminado do sentimento, o poeta Giuseppe Ghiarone assim fala da caridade:

Dá de ti...

Dá de ti para os homens.
Não somente o paletó que não usas,
o sapato que não te serve,
a calça que já não vestes.
Darás tudo: o carinho, a ternura, o coração.
Darás sem refletir,
de modo que não te digam "Obrigado"
nem te devam obrigação.
Darás tudo: o carinho, a ternura e o coração.
E com que espanto notarás um dia,
que viveste fazendo economia,
de carinho, de ternura e de coração!

9

RAZÕES DA MINHA DOR

DIANTE DA REALIDADE do sofrimento, das decepções ou das desilusões, o ser tem, muitas vezes, o comportamento amargo da revolta e da incompreensão. A dor bate às portas do seu vizinho e ele diz, inconsequente: "fulano não merece sofrer". E a vida, no entanto, em sua sábia capacidade de ensinar, segue no silêncio sua rota, até encontrar o instante preciso em que o ser pode ouvi-la em sua profundidade. Aí, ante o cansaço que dele tomou conta, a vida conduz a alma a apreciações distantes, levando-a a ver o que não enxergava, a compreender o que não entendia, a aceitar o que lhe provocava revolta e amargura.

O mundo assim caminhou, entre provações e desencantos, domando civilizações e encarcerando mil almas a cada segundo, chegando ao porto da razão, onde penetrou os mistérios insondáveis da vida e da morte para dizer a cada um que a dor não só tem uma razão, como, também, teve uma aceitação prévia para aqueles que já conseguiram levantar a cabeça acima da lama. É o ser diante de seu próprio progresso, na liberdade indestrutível de agendar o futuro, mediante o uso do bom-senso que tanto lhe custou. É a alma dizendo a si mesma que a vida lhe pertence e que, para aprimorá-la incessantemente, necessita do cinzel modelador, a eliminar cada um dos excessos que o egoísmo, no tempo, agregou-lhe à moldura.

Eis como Emmanuel, pela pena do nosso Chico Xavier, em seu livro *Religião dos Espíritos*, alarga os horizontes da dor na mensagem:

Doenças escolhidas

Convictos de que o espírito escolhe as provações que experimentará na Terra, quando se mostre na posição moral de resolver quanto ao próprio destino, é justo recordar que a criatura, durante a reencarnação, elege, automaticamente, para si mesma, grande parte das doenças que se lhe incorporam às preocupações.

Não precisamos lembrar, nesse capítulo, as grandes calamidades particulares, quais sejam o homicídio, de que o autor arrasta as consequências na forma de extrema perturbação espiritual, ou o suicídio frustrado, que assinala o corpo daquele que o perpetra com dolorosos e aflitivos remanescentes.

Deter-nos-emos, de modo ligeiro, no exame das decisões lamentáveis, que assumimos quando enleados no carro físico, sem saber que lhe martelamos ou desagregamos as peças.

Sempre que já tenhamos deixado as constrições do primitivismo, todos sabemos que a prática do bem é simples dever e que a prática do bem é o único antídoto eficiente contra o império do mal em nós próprios.

Entretanto, rendemo-nos, habitualmente, às sugestões do mal, criando em nós não apenas condições favoráveis à instalação de determinadas moléstias no cosmo orgânico, mas também, ligações fluídicas aptas a funcionarem como pontos de apoio para as influências perniciosas interessadas em vampirizar-nos a vida.

Seja na ingestão de alimento inadequado, por extravagância à mesa, seja no uso de entorpecentes, no alcoolismo mesmo brando, no aborto criminoso e nos abusos sexuais, estabelecemos em nosso prejuízo as síndromes abdominais de caráter urgente, as úlceras gastrintestinais, as afecções hepáticas, as dispepsias crônicas, as pancreatites, as desordens renais, as irritações do cólon, os desastres circulatórios, as moléstias neoplásicas, a neurastenia, o traumatismo do cérebro, as enfermidades degenerativas do sistema nervoso, além de todo um largo cortejo de sintomas outros. Enquanto que na crítica inveterada, na inconformação, na inveja, no ciúme, no despeito, na desesperação e na avareza, engendramos variados tipos de crueldade silenciosa com que, viciando o próprio pensamento, atraímos o pensamento viciado das Inteligências menos felizes, encarceradas ou desencarnadas, que nos rodeiam.

Exteriorizando ideias conturbadas, assimilamos as ideias conturbadas que se agitam em torno de nosso passo, elementos esses que se nos ajustam ao desequilíbrio emotivo, agravando-nos as potencialidades alérgicas ou pesando nas estruturas nervosas que conduzem a dor.

Mantidas tais conexões, surgem frequentemente os processos obsessivos que, muitas vezes, sem afetarem a razão, nos mantêm no domínio de enfermidades – fantasmas que nos esterilizam as forças e, pouco a pouco, nos corroem a existência.

Guardemo-nos, assim, contra a perturbação, procurando o equilíbrio e compreendendo no bem – expressando bondade e educação – a mais alta fórmula para a solução de nossos problemas.

E ainda mesmo em nos sentindo enfermos, arrastando-nos embora, aperfeiçoemo-nos ajudando aos outros, na certeza de que, servindo ao próximo, serviremos a nós mesmos, esquecendo, por fim, o mercado da invigilância onde cada um adquire as doenças que deseja para tormento próprio.

10

A VONTADE DA CAMINHADA

O MUNDO MUDOU – dizem os mais antigos, com certa nostalgia. Sim, o mundo mudou, especialmente para o espírito encarnado, que pode hoje conhecer a realidade da alma e, mediante esta nova realidade, empreender com mais vigor a sua caminhada rumo à felicidade. As informações disponíveis mostram hoje, que o ser humano vive num mundo de pensamentos e energias, em permuta constante. Dessa permuta real, surge a saúde e a doença, a alegria e a tristeza, a paz e a violência. Estamos inseridos num contexto onde vencemos ou fracassamos, construímos ou destruímos e, por consequência, somos felizes ou infelizes.

Nesse mar de influências diversas, o ser dispõe de um instrumento capaz de romper todas as barreiras naturais ao seu equilíbrio, para alcançá-lo e mantê-lo. Esse instrumento se chama vontade. É ela que determina a diferença entre aqueles que conseguem vencer e os que ficam na retaguarda. A vontade decidida remove os entulhos e empreende a força de propulsão com que nos lançamos a resolver nossos problemas. E é sobre ela que André Luiz nos fala, pela psicografia de Chico Xavier, nessa página constante do livro *O Espírito da Verdade*:

Na saúde, na doença

Em toda circunstância, trate a própria saúde, prevenindo-se da doença com os recursos encontrados em você mesmo.

Cada dia é novo ensejo para adquirirmos enfermidade ou curar nossos males.

O melhor remédio, antes de qualquer outro, é a vontade sadia, porque a vontade débil enfraquece a imaginação e a imaginação doentia debilita o corpo.

Doença do corpo pode criar doença da alma e doença da alma pode acarretar doença do corpo.

Vida atribulada nem sempre significa vida bem vivida.

Conquanto a existência em torno possa mostrar-se febricitante e turbilionária, resguarde-se contra as intempéries emocionais no clima íntimo do próprio ser, ajudando e servindo com alegria aos menos felizes, na certeza de que o enfermeiro diligente conserva a integridade mental, muito embora convivendo, dia a dia, com dezenas de enfermos em grandes desequilíbrios.

Somos parte integrante da farmácia do nosso próximo.

Observe as reações que a sua presença provoca no semelhante e pacifique aqueles com quem convive, não só pela palavra, mas até mesmo pela aparência e pelas atitudes, pois com a simples aproximação funcionamos como tranquilizadores ou excitantes de quem nos cerca, aliviando ou agravando os seus padecimentos físicos e morais...

Muitas doenças nascem da suspeita injustificável.

Seja sincero com você e com os outros na apreciação de sintomas que se reportem a desajustamentos orgânicos, tratando de assuntos dessa natureza sem alarde e sem exagero.

O maior restaurador de forças é a consciência reta que asserena as emoções.

Se o leito de dor é agasalho imposto ao seu corpo enfermo, lembre-se de que a meditação é santuário invisível para o abrigo do espírito em dificuldade e que a prece refunde e sublima as energias da alma.

Doença é contingência natural, inevitável às criaturas em processo de evolução; por isso, esforce-se por abolir inquietações quanto a problemas de saúde física, atendendo ao equilíbrio orgânico e confiando na Vontade Superior.

11

A VIGILÂNCIA PREVINE MALES

O MUNDO EM que vivemos foi-nos, por muito tempo, de completo desconhecimento. A realidade dos pensamentos e a sua influência sobre nós, hoje conhecida, permite-nos evitar consequências certas. A pessoa indolente e afeita às conversas pueris é mais propensa a doenças que aquelas cujo tempo ocupam com afazeres úteis. Muitos, porém, não conseguem fugir à atração de uma conversa sobre a vida alheia, desconhecendo o quanto isto pode lhes trazer em problemas e doenças.

Todos os seres se influenciam pelo pensamento. Quando estes são sadios, a influência é agradável; quando são negativos, a influência apresenta complicações que, se não surgem de imediato, podem aparecer mais tarde, na forma de males difíceis. Esta verdade deve ser suficiente para levar as criaturas a fugir de todos os momentos que podem proporcionar essa situação desagradável. Como podemos observar nesta página escrita pelo Irmão X, através da mediunidade de Chico Xavier:

Os três crivos

Certa feita, um *homem esbaforido achegou-se a Sócrates e sussurrou-lhe aos ouvidos:*

– Escuta, na condição de teu amigo, tenho alguma coisa muito grave para dizer-te, em particular...

– Espera! – ajuntou o sábio prudente – já passaste o que me vai dizer pelos três crivos?

– Três crivos? – perguntou o visitante, espantado.

– Sim, meu caro amigo, três crivos. Observemos se tua confidência passou por eles. O primeiro é o crivo da verdade. Guardas absoluta certeza quanto aquilo que pretendes comunicar?

– Bem – ponderou o interlocutor – assegurar mesmo, não posso... Mas ouvi dizer e... então...

– Exato. Decerto peneiraste o assunto pelo segun-

do crivo, o da bondade. Ainda que não seja real o que julga saber, será pelo menos bom o que me queres contar?

Hesitando, o homem replicou:

– Isso não... Muito pelo contrário...

– Ah! – tornou o sábio – então recorramos ao terceiro crivo, o da utilidade, e notemos o proveito do que tanto te aflige.

– Útil?! – aduziu o visitante ainda agitado – Útil não é...

– Bem – rematou o filósofo num sorriso – se o que tens a confiar não é verdadeiro, nem bom e nem útil, esqueçamos o problema e não te preocupes com ele, já que nada valem casos sem edificação para nós!...

Aí está, meu amigo, a lição de Sócrates, em questão de maledicência...

12

O MUNDO À MINHA VOLTA

Olhando à sua volta, você pode perceber um punhado de situações que lhe ajudarão a reduzir a amargura circunstancial. Olhe e compare. Coloque-se na posição daquele que, mesmo sofrendo, encontra espaço para compreender as dificuldades alheias. Somos, muitas vezes, mais felizes que imaginamos, embora estejamos procurando a felicidade além do nosso próprio mundo. Faça como o autor anônimo das linhas seguintes:

Lembre-se

Se você está triste porque perdeu seu amor, lembre-se daquele que não teve um amor para perder.

Se você se decepcionou com alguma coisa, lembre-se daquele cujo nascimento já foi uma decepção.

Se você está cansado de trabalhar, lembre-se daquele que, angustiado, perdeu um emprego.

Se você reclama de uma comida mal feita, lembre-se daquele que morre faminto, sem um pedaço de pão.

Se um sonho seu foi desfeito, lembre-se daquele que vive num pesadelo constante.

Se você anda aborrecido, lembre-se daquele que espera um sorriso seu.

Se você teve:
Um amor para perder,
um trabalho para cansar,
um sonho desfeito,
uma tristeza para sentir,
uma comida para reclamar...
Lembre-se de agradecer a Deus!
Porque existem muitos que dariam tudo para ficar no seu lugar...

13

O MOMENTO
DA TRANQUILIDADE

O MUNDO NOVO que se abre para o ser do nosso tempo, mostra sua grandiosidade na imensidão do Universo, na placidez das montanhas, no equilíbrio de suas linhas, na profundidade cósmica que dá à palavra amor. A Terra é como uma simples pedrinha na imensidão do cosmo e seus habitantes como microscópicas formigas neste mundo. Mas... vivemos! Somos seres que têm vida, inteligência, que podem sonhar e construir, crescer e multiplicar, agir e dominar.

Não têm valor, portanto, por mais poderosas que se apresentem, as circunstâncias que nos levam, despreparados, às loucuras do desespero, às intemperanças da solidão, à perda da paciência. Todo momento, por mais tempestuoso que se apresente, pode ser transposto com um mínimo de paz e de convicção na equidade da vida. Medite com André Luiz, o amigo invisível de Chico Xavier, nesta página que lhe ofereceu:

Calma

Se você está no ponto de estourar mentalmente, silencie alguns instantes para pensar.

Se o motivo é moléstia no próprio corpo, a intranquilidade traz o pior.

Se a razão é enfermidade em pessoa querida, o seu desajuste é fator agravante.

Se você sofreu prejuízos materiais, a reclamação é bomba atrasada, lançando caso novo.

Se perdeu alguma afeição, a queixa tornará você uma pessoa menos simpática, junto de outros amigos.

Se deixou alguma oportunidade valiosa para trás, a inquietação é desperdício de tempo.

Se contrariedades aparecem, o ato de esbravejar afastará de você o concurso espontâneo.

Se você praticou um erro, o desespero é porta aberta a faltas maiores.

Se você não atingiu o que desejava, a impaciência fará mais larga a distância entre você e o objetivo a alcançar.

Seja qual for a dificuldade, conserve a calma trabalhando, porque, em todo problema a serenidade é o teto da alma, pedindo o serviço por solução.

14

PÍLULAS DA VERDADE

Nos pequeninos frascos se encontram os mais belos perfumes – diz a sabedoria popular. Nas mensagens mais curtas escondem-se as melhores lições de sabedoria, podemos acrescentar. Eis como Buda, em quatro simples palavras: sofrimento, desejo, liberdade e disciplina – nos fala da possibilidade de vencer as barreiras da vida:

Quatro verdades nobres

O sofrimento é universal.
A causa do sofrimento são os desejos egoístas.
A cura do sofrimento está em libertar-se dos desejos.

O modo de livrar-se dos desejos é através de uma perfeita disciplina mental.

15

ERGUENDO A VIDA A CADA DIA

É PRECISO MUITO pouco para ter paz. A consciência desenvolvida vai encontrá-la nas cercanias do próprio ser; a consciência egoística só a vê bem distante, a envolver os seres que estão longe, além dos seus limites. Esta paz distante se esborracha no chão da realidade, quando dela nos aproximamos. Tem ela o brilho de um cromo, que esconde a sujeira do local. Quando o ser olha para a frente e encontra motivos para viver e fazer viver, bate de frente com a paz; quem o vê, quase sempre não compreende que está ele em paz. Essa paz, portanto, não pode ser perturbada.

A receita da paz é a fórmula de desenvolvimento da consciência. E esse desenvolvimento pode começar agora mesmo, nestas palavras de André Luiz, que Chico Xavier anotou um dia e ofereceu-nos como presente de alguém que procura viver a paz:

Tranquilidade

Comece o dia na luz da oração.
O amor de Deus nunca falha.
Aceite qualquer dificuldade sem discutir.
Hoje é o tempo de fazer o melhor.
Trabalhe com alegria.
O preguiçoso, ainda mesmo quando se mostre num pedestal de ouro maciço é um cadáver que pensa.
Faça o bem quanto possa.
Cada criatura transita entre as próprias criações.
Valorize os minutos.
Tudo volta, com exceção da hora perdida.
Aprenda a obedecer no culto das próprias obrigações.
Se você não acredita na disciplina, observe um carro sem freio.
Estime a simplicidade.
O luxo é o mausoléu dos que se avizinham da morte.

Perdoe sem condições.

Irritar-se é o melhor processo de perder.

Use a gentileza, mas, de modo especial dentro da própria casa.

Experimente atender aos familiares como você trata as visitas.

Em favor de sua paz conserve fidelidade a si mesmo.

Lembre-se de que, no dia do Calvário, a massa aplaudia a causa triunfante dos crucificadores, mas o Cristo solitário e vencido era a causa de Deus.

16

O JARDIM DE TUA ALMA

Cultivar virtudes já não é apenas dever; trata-se de um ato de inteligência. Neste mundo em que o espírito balança entre a doçura e o fel, indo de um lado a outro com a rapidez com que se deixa dominar pelos acontecimentos, a alma precisa de energias para superar esses imperativos que desnorteiam. Reconhecer que a cada passo mal dado, desenvolvem-se-lhe no íntimo as raízes da infelicidade é o primeiro passo para a substituição da folhagem no jardim da alma.

O passo seguinte consistirá em plantar, com vontade inabalável, as sementes das virtudes, sabendo que no tempo da floração hão de vir energias salutares a estimular-nos para a vida, seja onde for que nos encontremos, estejamos onde estivermos com nosso coração. Vejamos, sobre isso, o que nos reserva André Luiz, em mais esta página de Chico Xavier, constante do livro *Ideal espírita*:

Você está acamado?

Todos reconhecem o desconforto da prisão no leito, no entanto, a irritação piora qualquer doença.

– A dor sufoca-lhe as esperanças?

O consolo da prece é medicamento para todos os males.

– A confiança na cura foge-lhe ao coração?

Nem médicos ou familiares podem garantir-lhe a melhora que nasce, espontânea, do íntimo de você mesmo.

– A revolta envenena-lhe a alma?

A Terra só é vale de lágrimas para os olhos do pessimismo.

– A morte ronda-lhe os pensamentos?

Passagem para a Espiritualidade, caminho de todos.

– O destino dos filhos ensombra-lhe as horas?

A herança mais valiosa é o exemplo do amor à Providência Divina, através das obrigações cumpridas.
– Saudades aflitivas laceram-lhe a memória?
A mente é nossa primeira farmácia.
– Sente remorsos, à vista de antigos passos?
Homem algum na Terra pode gabar-se de santo.
– Seus lábios já não mais sabem sorrir?
Recorde que os enfermos otimistas e alegres amparam caridosamente quem os visita, estimulando-lhes a coragem.
Guarde a certeza de que se a luz do Evangelho é força no coração e brilho na consciência, a saúde está perto e todos os prognósticos são favoráveis ante o Grande Futuro.

17

O VALOR DA CONSCIÊNCIA

O DINHEIRO E a energia refletem, diariamente, o que se passa na consciência do ser. Ambos não possuem qualidade, se considerados em sua realidade íntima de papel impresso e energia pura. Os dois, porém, recebem do ser a destinação quando se lhe atribui este ou aquele valor. É a consciência, em sua atuação na vida, que torna o dinheiro útil à coletividade ou apenas ao ego solitário; é esta mesma consciência que impregna as energias com seu pensamento e as destina a um ou a muitos.

Neste aprendizado diário, quanto faz do dinheiro e da energia recebe a alma em quantidade suficiente o retorno de sua paz ou de sua aflição. Vivendo neste clima de desafio, o ser caminha para aprender a atribuir o justo valor e a relativa utilidade a cada coisa que lhe cai nas mãos, sabendo, de antemão, que nesta destinação se encontra as razões de sua tranquilidade ou de sua desdita. Como nos informa Bezerra de Menezes, através do nosso Chico Xavier, nesta página seguinte:

Dinheiro

O dinheiro não é luz, mas sustenta a lâmpada.

Não é a paz, no entanto, é um companheiro para que se possa obtê-la.

Não é o calor, contudo, adquire agasalho.

Não é o poder da fé, mas alimenta a esperança.

Não é o amor, entretanto, é capaz de erguer-se por valioso ingrediente na proteção afetiva.

Não é o tijolo de construção, todavia, assegura as atividades que garantem o progresso.

Não é cultura, mas apoia o livro.

Não é visão, contudo, ampara o encontro de instrumentos que ampliam a capacidade dos olhos.

Não é base da cura, no entanto, favorece a aquisição do remédio.

Em suma, o dinheiro associado à consciência tranquila, alavanca do trabalho e fonte da beneficência, apoio da educação e alicerce da alegria, é uma bênção do Céu que de modo imediato, nem sempre faz felicidade mas sempre faz falta.

18

REPENSAR PARA MELHOR PENSAR

Para aquele que está prestes a explodir, basta um dedinho de calor para seu pensamento detonar a amargura. Quanto mais fácil seja cair na tristeza, mais o ser deve se pôr em alerta contra suas próprias tendências. Vêm de longe, de um passado momentaneamente esquecido, muitas das causas que nos atiram ao padecimento. A educação para o sofrimento, negadora da vida, acaba por estimular-nos a prevalência desses sentimentos adormecidos, despertando-os para o agora infeliz.

Vale, mais uma vez, comparar os estados em que nos encontramos, com aqueles que se desenvolvem ao nosso redor, para compreender a realidade e, acima de tudo, para empreender aquela viagem ao interior de nossa alma, onde vamos estabelecer o controle dos nossos sentimentos, trabalhando com vontade para implantar uma nova ordem de pensamentos e criar uma aura mais sadia para o nosso corpo físico e espiritual. Cabe, pois, mais uma vez escutar André Luiz e agradecer a Chico Xavier, pela página do livro *Respostas da vida*:

Males e remédios

Inconformação diante do sofrimento?
Olhe em derredor e reconhecerá legiões de pessoas que sofrem muito mais, sem as suas possibilidades de reconforto.
Desentendimento em família?
Oriente as crianças de casa e respeite os adultos, deixando a eles a faculdade de se decidirem, quanto às próprias realizações, qual acontece no mundo íntimo de cada um de nós.
Algum erro cometido?
Reconsidere a própria atitude e não se constranja em aceitar as suas deficiências, de modo a corrigi--las.

Erros alheios?

Observando-se quão difícil aprender sem errar, saibamos desculpar os desacertos dos outros, tanto quanto esperamos tolerância para os nossos.

Entes queridos em falha?

Deus que nos criou a todos saberá conduzi-los sem que tenhamos a obrigação de arrasar-nos ao vê--los adquirindo as experiências da vida, pelas quais também nós temos pago ou pagaremos o preço que nos compete.

Provação?

Uma visita ao hospital pode dar a você a ficha de suas vantagens em relação aos outros.

Problemas?

Não se sabe de criatura nenhuma que evolua ou se aperfeiçoe, sem eles, incluindo aquelas que se supõem tranquilas por estarem fugindo provisoriamente de trabalhar.

Angústia?

Ao que se conhece, todo tratamento para a supressão da ansiedade está baseado ou complementado pelo serviço em favor de alguma causa nobre ou em auxílio de alguém.

Censura?

Um minuto de autoanálise nos fará sentir que não estamos muito certos, quanto à nossa própria resistência, se acaso estivéssemos no lugar daqueles que jazem caídos em desapreço.

Desilusões e fracassos no relacionamento afetivo? Experimente Jesus.

19

EXPERIÊNCIAS PARA CRESCIMENTO

Quando o ser descobre o seu caminho, único, especial, diferente dos caminhos dos outros, embora solidário, descobre também a necessidade de perseverar nele, fechando os olhos aos maus exemplos, tornando-se surdo às vozes do descaminho. A vida ensina sobre a inexistência de dois caminhos iguais, como orienta para a diversidade de caracteres morais. O ser se descobre e, depois, encontra a compreensão das coisas em dose muito pessoal, não podendo passá-la adiante, por ser conquista da alma.

O seu compromisso com a vida e o mundo, será criar estímulos nas almas alheias, as que ama e as que ainda desconhece, para que despertem, também, em si o entendimento da vida e encontrem o seu grau de compreensão para a realidade, empreendendo uma caminhada que será tanto pessoal quanto comprometida com um grande e indestrutível ideal. Por isso, valem os conselhos de André Luiz, em seu livro *Agenda cristã*, conforme Chico Xavier:

Lucrará fazendo assim

1 – *Reconforte* o desesperado.
Você não escapará às tentações do desânimo nos círculos de luta.
2 – *Levante o caído.*
Você ignora onde seus pés tropeçarão.
3 – *Estenda a mão ao que necessita de apoio.*
Chegará seu dia de receber cooperação.
4 – *Ampare o doente.*
Sua alma não está usando um corpo invulnerável.
5 – *Esforce-se por entender o companheiro menos esclarecido.*
Nem sempre você dispõe de recursos para compreender como é indispensável.

6 – *Acolha o infortunado.*

Nem sempre o céu estará inteiramente azul para seus olhos.

7 – *Tolere o ignorante e ajude-o.*

Lembre-se de que há espíritos sublimes que nos suportam e socorrem com heroica bondade.

8 – *Console o triste.*

Você não pode relacionar as surpresas da própria sorte.

9 – *Auxilie o ofensor com os seus bons pensamentos.*

Ele nos ensina quão agressivos e desagradáveis somos ao ferir alguém.

10 – *Seja benévolo para com os dependentes.*

Não se esqueça de que o próprio Cristo foi compelido a obedecer.

20

O EQUILÍBRIO VEM DE CIMA

Já a sabedoria grega ensinava que estando a mente sã o corpo também estaria. A vida caminhou séculos e séculos depois desta grande civilização, para reforçar o ensino nos nossos dias e mostrar ao ser que, quando o pensamento se faz sadio, o corpo reflete-lhe o equilíbrio e torna a vida muito mais agradável. E para esta realidade, somos cada vez mais alertados.

Tudo no Universo vibra, em perfeita harmonia. Não há uma só nota destoante, que não se reflita no todo; não haverá, também, nenhuma providência verdadeira que não alcance o Universo inteiro, contribuindo para o equilíbrio geral. Seres e natureza constituem uma só realidade, interligada por fios invisíveis que vibram, mais ou menos, entre si, na harmonia e na desarmonia. E em se referindo ao ser humano, especificamente, vale lembrar que o seu verdadeiro equilíbrio depende das ordens que vêm de cima, de seu comando mental. Vejamos com Emmanuel, por Chico Xavier, a página retirada de seu singelo e oportuno *Vinha de luz*:

O remédio salutar

"Confessai as vossas culpas uns aos outros, e orai uns pelos outros para que sareis".

(Tiago, 5:16.)

A doença sempre constitui fantasma temível no campo humano, qual se a carne fosse tocada de maldição; entretanto, podemos afiançar que o número de enfermidades, essencialmente orgânicas, sem interferências psíquicas, é positivamente diminuto.

A maioria das moléstias procede da alma, das profundezas do ser. Não nos reportando à imensa caudal de provas expiatórias que invade inúmeras existências, em suas expressões fisiológicas, refe-

rimo-nos tão somente às moléstias que surgem, de inesperado, com raízes no coração.

Quantas enfermidades pomposamente batizadas pela ciência médica não passam de estados vibratórios da mente em desequilíbrio?

Qualquer desarmonia interior atacará naturalmente o organismo em sua zona vulnerável. Um experimentar-lhe-á os efeitos no fígado; outro, nos rins e, ainda outro, no próprio sangue.

Em tese, todas as manifestações mórbidas se reduzem a desequilíbrio, desequilíbrio esse cuja causa repousa no mundo mental.

O grande apóstolo do Cristianismo nascente foi médico sábio, quando aconselhou a aproximação recíproca e a assistência mútua como remédio salutares. O ofensor que revela as próprias culpas, ante o ofendido, lança fora detritos psíquicos, aliviando o plano interno; quando oramos uns pelos outros, nossas mentes se unem, no círculo da intercessão espiritual e, embora não se verifique o registro imediato em nossa consciência comum, há conversações silenciosas pelo "sem-fio" do pensamento.

A cura jamais chegará sem o reajustamento íntimo necessário, e quem deseje melhoras positivas na senda de elevação, aplique o conselho de Tiago; nele, possuímos remédio salutar para que saremos na qualidade de enfermos encarnados ou desencarnados.

21

RECONHECENDO O ARQUITETO

Quem é aquele que nos ouve as expressões do orgulho e se mantém silencioso? Quem é este ser que nos vê condená-lo e não permite que nenhuma fibra do Universo vibre negativamente? Quem é este que nos ouve os pedidos mesquinhos, as rogativas rancorosas, as reclamações absurdas e ainda assim se mantém incólume? Afinal, quem é este que nos vê o coração enlameado pela violência, a sociedade dividida pela miséria, os seres se enganando pelo poder e os idealistas sofrendo pelo bem, e, ainda assim, permanece impassível, à espera do dia em que há de aflorar a justiça, a beleza e o bem, definitivamente? Esse ser está presente, magistralmente, nessa página do Apóstolo da Caridade que foi Eurípedes Barsanulfo:

Deus

O Universo é obra inteligentíssima: obra que transcende a mais genial inteligência humana.

E como todo efeito inteligente tem uma causa inteligente, é forçoso inferir que a do Universo é superior a toda inteligência.

É a inteligência das inteligências.

A causa das causas; a lei das leis.

O princípio dos princípios.

A razão das razões; a consciência das consciências: É DEUS.

Deus! nome mil vezes santo, que Newton jamais pronunciava sem se descobrir!

Deus! Vós que vos revelais pela natureza, vossa filha e nossa mãe, reconheço-vos eu, Senhor,

Na poesia da criação; na criança que sorri;
no ancião que tropeça; no mendigo que implora;
na mão que assiste; na mãe que vela;
no pai que instrui; no apóstolo que evangeliza!
Reconheço-vos eu, Senhor, no amor da esposa,

no afeto do filho, na estima da irmã;
na justiça do justo; na misericórdia do indulgente;
na fé do pio; na esperança dos povos;
na caridade dos bons; na inteireza dos íntegros!
Deus! Reconheço-vos eu, Senhor,
no estro do vate; na eloquência do orador;
na inspiração do artista; na santidade do moralista;
na sabedoria do filósofo; nos fogos do gênio!
Deus! Reconheço-vos eu, Senhor,
na flor dos vergéis; na relva dos vales;
no matiz dos campos; na brisa dos prados;
no perfume das campinas; no murmúrio das fontes;
no rumorejo das franças; na música dos bosques;
na placidez dos lagos; na altivez dos montes;
na amplidão dos oceanos; na majestade do firmamento!
Deus! Reconheço-vos eu, Senhor,
nos lindos antélios; no íris multicor;
nas auroras polares; no argênteo da lua;
no brilho do sol; na fulgência das estrelas;
no fulgor das constelações!
Deus! Reconheço-vos eu, Senhor,
na formação das nebulosas; na origem dos mundos;
na gênesis dos sóis; no berço das humanidades;

na maravilha, no esplendor, no sublime do infinito!
Deus! Reconheço-vos eu, Senhor,
com Jesus, quando ora: "PAI NOSSO QUE ESTAIS NOS CÉUS..."
Ou com os anjos,
quando cantam: "GLÓRIA A DEUS NAS ALTURAS..."

22

PARA AFIRMAR A CONQUISTA

Tudo o que se alcança, no mundo, é conquista relativa; tudo o que se obtém no campo do espírito é definitivo. O mundo é campo de experiências materiais, que refletem na mente do ser e o encaminha para as conquistas definitivas. O dinheiro se obtém e se perde; o patrimônio material, também. As virtudes, contudo, são o patrimônio do espírito, que, uma vez conquistadas, não mais desaparecem.

Quando, porém, se sente perder uma virtude, será grande virtude perceber que não foi ela conquistada, mas aparentemente adquirida. Assim, a paciência que se perde é a paciência que não se obtém, ainda. As virtudes são uma conquista lenta, realizada pela autoeducação, repetindo experiências e maturando sua realidade e só serão definitivas quando percebermos que não mais nos escapam do equilíbrio. Em André Luiz, por Chico Xavier, surge nova oportunidade de repisarmos as experiências:

Não perca

Não perca a esperança.
Há milhões de pessoas aguardando os recursos de que você já dispõe.
Não perca o bom humor.
Em qualquer acesso de irritação, há sempre um suicidiozinho no campo de suas forças.
Não perca a tolerância.
É muita gente a tolerá-lo naquilo que você ainda tem de indesejável.
Não perca a serenidade.
O problema pode não ser assim tão difícil quanto você pensa.
Não perca a humildade.
Além da planície, surge a montanha, e, depois da montanha aparece o horizonte infinito.

Não perca o estudo.

A própria morte é lição.

Não perca a oportunidade de servir aos semelhantes.

Hoje ou amanhã, você precisará do concurso alheio.

Não perca tempo.

Os dias voltam, mas os minutos são outros.

Não perca a paciência.

Recorde a paciência inesgotável de Deus.

23

OS VENTOS DA INTELIGÊNCIA

O HOMEM QUE não conta na vida com o alento da sabedoria, pensa apenas na prevalência dos mais fortes, na seleção dos melhores, seguindo critérios particulares e materialistas. Nas mãos desses seres sem sentimento e pouca razão, o mundo extinguiria os mutilados, os estropiados e todos aqueles que, padecendo deficiências, aqui chegam para reexperimentar. A mão do ser de coração frio os eliminaria antes mesmo de se desenvolverem no útero materno, crente de fazer um bem à humanidade.

No entanto, a sabedoria da vida, estabelecida por Deus, os desafia diariamente, colocando no mundo inteligências e, às vezes, até gênios, em corpos incompletos, para que os seres compreendam que além dos horizontes, onde o sol estabelece uma linha de cores, há razões que os homens desconhecem. Pensemos nisso, como Meimei, em página do livro *O Espírito da Verdade*, de Chico Xavier:

Crianças doentes

Acalenta nos braços o filhinho robusto que o lar te trouxe e, com razão, te orgulhas dessa pérola viva. Os dedos lembram flores desabrochando, os olhos trazem fulgurações dos astros, os cabelos recordam estrigas de luz e a boca assemelha-se a concha nacarada em que os teus beijos de ternura desfalecem de amor.

Guarda-o, de encontro ao peito, por tesouro celeste, mas estende compassivas mãos aos pequeninos enfermos que chegam à Terra, como lírios contundidos pelo granizo do sofrimento.

Para muitos deles, o dia claro ainda vem muito longe...

São aves cegas que não conhecem o próprio ninho, pássaros mutilados, esmolando socorro em recantos sombrios da floresta do mundo.... Às vezes, pare-

cem anjos pregados na cruz de um corpo paralítico ou mostram no olhar a profunda tristeza da mente anuviada de densas trevas.

Há quem diga que devem ser exterminados para que os homens não se inquietem; contudo, Deus, que é a Bondade Perfeita, no-los confia hoje, para que a vida, amanhã, se levante mais bela.

Diante, pois, do teu filhinho quinhoado de reconforto, pensa neles!... São nossos outros filhos do coração, que volvem das existências passadas, mendigando entendimento e carinho, a fim de que se desfaçam dos débitos contraídos consigo mesmos...

Entretanto, não lhes aguardes rogativas de compaixão, de vez que, por agora, sabem tão somente padecer e chorar.

Enternece-te e auxilia-os, quanto possas!...

E, cada vez que lhes ofertes a hora de assistência ou a migalha de serviço, o leito agasalhante ou a lata de leite, a peça de roupa ou a carícia do talco, perceberás que o júbilo do Bem Eterno te envolve a alma no perfume da gratidão e na melodia da bênção.

24

NOS MOMENTOS MAIS DIFÍCEIS

SE VOCÊ QUER, você pode! A vida não é um poço, para que se tenha de chegar ao seu fundo e, só então, recomeçar experiências. Fosse a vida um poço, teria de o ser para o bem e para o mal e, em ambas as situações, chegaríamos ao seu fim. A vida, porém, é uma experiência que se renova a cada instante, oferecendo oportunidades de aprimoramento. Para cada dor, há um bálsamo; para cada alegria, uma razão. Em você reside o princípio e o fim, o começo de uma nova empreitada e o término de uma jornada que se deve eliminar.

Assim, pois, meditemos com Rubens C. Romanelli, na extraordinária página retirada de seu livro *Primado do Espírito*:

Quando...

Filho meu!

QUANDO, nas horas de íntimo desgosto, o desalento te invadir a alma e as lágrimas te aflorarem aos olhos, busca-me: eu sou Aquele que sabe sufocar-te o pranto e estancar-te as lágrimas.

QUANDO te julgares incompreendido dos que te circundam e vires que, em torno, a indiferença recrudesce, acerca-te de mim: eu sou a LUZ, sob cujos raios se aclaram a pureza de tuas intenções e a nobreza de teus sentimentos.

QUANDO se te extinguir o ânimo para arrostares as vicissitudes da vida e te achares na iminência de desfalecer, chama-me: eu sou a FORÇA capaz de remover-te as pedras dos caminhos e sobrepor-te às adversidades do mundo.

QUANDO, inclementes, te açoitarem os vendavais da sorte e já não souberes onde reclinar a cabeça, corre para junto de mim: eu sou o REFÚGIO, em cujo seio encontrarás guarida para o teu corpo e tranquilidade para o teu espírito.

QUANDO te faltar a calma, nos momentos de maior aflição, e te considerares incapaz de conser-

var a serenidade de espírito, invoca-me: eu sou a PACIÊNCIA que te faz vencer os transes mais dolorosos e triunfar das situações mais difíceis.

QUANDO te debateres nos paroxismos da dor e tiveres a alma ulcerada pelos abrolhos dos caminhos, grita por mim: eu sou o BÁLSAMO que te cicatriza as chagas e te minora os padecimentos.

QUANDO o mundo te iludir com suas promessas falazes e perceberes que já ninguém pode inspirar-te confiança, vem a mim: eu sou a SINCERIDADE, que sabe corresponder à franqueza de atitudes e à excelsitude de teus ideais.

QUANDO a tristeza e a melancolia te povoarem o coração e tudo te causar aborrecimento, clama por mim: eu sou a ALEGRIA, que te insufla um alento novo e te faz conhecer os encantos de teu mundo interior.

QUANDO, um a um, te fenecerem os ideais mais belos e te sentires no auge do desespero, apela para mim: eu sou a ESPERANÇA, que te robustece a fé e acalenta os sonhos.

QUANDO a impiedade se recusar a revelar-te as faltas e experimentares a dureza do coração humano, procura-me: eu sou o PERDÃO, que te levanta o ânimo e promove a reabilitação de teu espírito.

QUANDO duvidares de tudo, até de tuas próprias convicções, e o ceticismo te avassalar a alma, recorre a mim: eu sou a CRENÇA, que te inunda de luz o entendimento e te reabilita para a conquista da felicidade.

QUANDO já não provares a sublimidade de uma afeição sincera e te desiludires do sentimento de seu semelhante, aproxima-te de mim: eu sou a RENÚNCIA, que te ensina a olvidar a ingratidão dos homens e a esquecer a incompreensão do mundo.

E QUANDO, enfim, quiseres saber quem sou, pergunta ao riacho que murmura e ao pássaro que canta, à flor que desabrocha e à estrela que cintila, ao moço que espera e ao velho que recorda. Eu sou a dinâmica da Vida e a harmonia da Natureza; chamo-me AMOR, o remédio para todos os males que te atormentam o espírito.

Estende-me, pois, a tua mão, ó filha de minh'alma, que eu te conduzirei, numa sequência de êxtases e deslumbramentos, às serenas mansões do Infinito, sob a luz brilhante da Eternidade.

25

ORGANIZANDO PARA BEM VIVER

Os ALTOS IDEAIS são dos seres que pensam. O mundo oferece a todos oportunidade de elevação, mas só uns poucos, de cada vez, conseguem unir ao seu propósito de vida um grande ideal. A vida dos idealistas, sempre raras, portanto, é o livro das lutas contra os entraves da justiça e da liberdade; é a narrativa do desenrolar da grande disputa entre a apatia e a ação. É, enfim, a amostra dinâmica de como vencer os próprios limites e alcançar o estágio dos espíritos superiores. Tão longe conseguiu olhar o político, diplomata e inventor, Benjamim Franklin, que resolveu traçar algumas normas para servirem de roteiro para aquele que deseja viver um grande ideal. Ei-las:

1 – TEMPERANÇA – *Não comas até o entorpecimento; não bebas até a exaltação.*

2 – SILÊNCIO – *Não fales senão para beneficiar aos outros ou a ti; evita conversa frívola.*

3 – ORDEM – *Que todas as tuas coisas tenham os seus lugares; que cada parte de tua atividade tenha seu tempo.*

4 – RESOLUÇÃO – *Resolve realizar o que deves; realiza sem faltar com o que resolveste.*

5 – FRUGALIDADE – *Não faças despesa alguma, a não ser para o bem de outros ou de ti, isto é, não desperdices coisa alguma.*

6 – DILIGÊNCIA – *Não percas tempo, emprega-o em algo útil; suprime as ações desnecessárias.*

7 – SINCERIDADE – *Não uses ardis lesivos; pensa com coerência e justiça e, se falares, fala do mesmo modo.*

8 – JUSTIÇA – *Não prejudiques ninguém fazendo o mal ou omitindo os benefícios que são do teu dever.*

9 – MODERAÇÃO – *Evita os extremos; não te ofendas com injúrias, mesmo quando pensas que não as mereces.*

10 – LIMPEZA – *Não toleres falta de limpeza no corpo, nas roupas ou na habitação.*

11 – TRANQUILIDADE – *Não te perturbes com ninharias ou com acidentes comuns ou inevitáveis.*

12 – CASTIDADE – *Usa raramente dos prazeres carnais, apenas por motivo de saúde ou reprodução, nunca até o entorpecimento, a fraqueza ou em prejuízo de tua paz ou reputação de outrem.*

13 – HUMILDADE – *Imita Jesus e Sócrates.*

26

PEQUENAS PROVIDÊNCIAS, GRANDE VIDA

Costumamos espalhar pela vida, despercebidamente, pequeninas coisas que nos vão faltar, mais à frente. Assim como um quarto desarrumado, vamos deixando aqui e ali, perdido na indisciplina, aquilo que imaginamos nada vale, para então, depois de muito espalhar, sentirmos falta. Aí, uma saudade imensa nos invade, como a reclamar de um tempo que não se sabe onde está, e de coisas que não se lembra onde foram deixadas. É a felicidade desperdiçada.

São pequeninas coisas que, mantidas em ordem, vão constituir o patrimônio de uma grande vida. Como nos alerta André Luiz, no livro *Ideal espírita*, psicografia de Chico Xavier:

Nossa vida mental

As almas ingressam nas responsabilidades que procuram para si mesmas.

Segundo talhamos o nosso perfil moral, angariamos os favores das oportunidades de serviço diante das Leis Universais.

Ninguém foge aos estigmas da viciação com que sulca a estrutura da própria vida. Paz significa vitória da mente sobre os seus próprios atributos.

Resguardemos, assim, a vida mental, na certeza de que o teor da nossa meditação condiciona a altura da nossa tranquilidade.

Nada ocorre conosco sem resultado específico.

Teimosia no erro – conta agravada.

Ausência de disciplina – débito permanente.

Remorso – aviso da consciência.

Reajustamento – estágio na enfermidade.

Multiformes ocorrências no mundo interior anunciam constantemente o clima de nossa escolha. A tempestade é precedida dos indícios inequívocos que lhe configuram a extensão.

De igual modo, através da análise real de nós mesmos, encontramos o exato esboço das futuras ex-

periências. À vista disso, ante a luz do Evangelho, ninguém desconhece a essência do destino que se lhe desdobra ao porvir.

A Justiça da Lei tem base na matemática. E quem possui parcelas determinadas pode ajuizar perfeitamente quanto à soma daquilo ou disso.

Entrega-te, pois, a novos haustos de esperança e supera as próprias limitações, atendendo aos apelos do amor que ecoam na Altura.

Reúne humildade e serviço, simplicidade e perdão, estudo e caridade, bondade e tolerância, no esforço de cada dia, e com semelhantes fragmentos de amor e luz levantarás o templo divino de tuas mais belas aspirações, diante da Eternidade.

27

ARTÉRIAS NOVAS NO CORAÇÃO

Os males físicos são, muitas vezes, erradicados com consertos feitos nos órgãos atingidos. A medicina amplia o seu raio de atuação, a tecnologia coloca ao dispor do ser instrumentos cada vez mais aptos a favorecer-lhe a saúde do corpo. Há, entretanto, invisível, uma rede de energia vital, a distribuir o halo incolor de que o próprio corpo material, junto ao espiritual, necessita para manter a paz e o bem-estar permanente. Essa rede não é vista nem alcançada pela nossa medicina.

O que o ser produz na mente, distribui pelos corpos e formaliza em sua aura diária. Essa energia, que o pensamento alimenta e direciona, dá força e outras qualidades, é tão importante quanto o sangue que o coração bombeia pelos condutos físicos. E até mais importante, porque age sobre o próprio coração, sem que o percebamos. Vale, portanto, parar e analisar a página de Emmanuel, retirada do livro *Fonte viva*, psicografado por Chico Xavier:

Está doente?

"*E a oração da fé salvará o doente, e o Senhor o levantará*".

(Tiago, 5:15.)

Todas as criaturas humanas adoecem, todavia, são raros aqueles que cogitam de cura real.

Se te encontras enfermo, não acredites que a ação medicamentosa, através da boca ou dos poros, te possa restaurar integralmente.

O comprimido ajuda, a injeção melhora, entretanto, nunca te esqueças de que os verdadeiros males procedem do coração.

A mente é fonte criadora.

A vida, pouco a pouco, plasma em torno de teus passos aquilo que desejas.

De que vale a medicação exterior, se prossegues triste, acabrunhado ou insubmisso?

De outras vezes, pedes o socorro de médicos humanos ou de benfeitores espirituais, mas, ao surgirem as primeiras melhoras, abandonas o remédio ou o conselho salutar e voltas aos mesmos abusos que te conduziram à enfermidade.

Como regenerar a saúde, se perdes longas horas na posição da cólera ou de desânimo? A indignação rara, quando justa e construtiva no interesse geral, é sempre um bem, quando sabemos orientá-la em serviços de elevação; contudo, a indignação diária, a propósito de tudo, de todos e de nós mesmos, é um hábito pernicioso, de consequências imprevisíveis.

O desalento, por sua vez, é clima anestesiante, que entorpece e destrói.

E que falar da maledicência ou da inutilidade, com as quais despendes tempo valioso e longo em conversação infrutífera, extinguindo as tuas forças?

Que gênio milagroso te doará o equilíbrio orgânico, se não sabes calar, nem desculpar, se não ajudas, nem compreendes, se não te humilhas para os desígnios superiores, nem procuras harmonia com os homens?

Por mais se apressem socorristas da Terra e do Plano Espiritual, em teu favor, devoras as próprias energias, vítima imprevidente do suicídio indireto.

Se estás doente, meu amigo, acima de qualquer medicação, aprende a orar e a entender, a auxiliar e a preparar o coração para a Grande Mudança.

Desapega-te de bens transitórios que te foram emprestados pelo Poder Divino, de acordo com a lei do uso, e lembra-te de que serás, agora ou depois, reconduzido à Vida Maior, onde encontramos sempre a própria consciência.

Foge à brutalidade.

Enriquece os teus fatores de simpatia pessoal, pela prática do amor fraterno.

Busca a intimidade com a sabedoria, pelo estudo e pela meditação.

Não manches teu caminho.

Serve sempre.

Trabalha na extensão do bem.

Guarda lealdade ao ideal superior que te ilumina o coração e permanece convicto de que se cultivas a oração da fé viva, em todos os teus passos, aqui ou além, o Senhor te levantará.

28

SEGURANDO OS DESEJOS DIÁRIOS

A INTERAÇÃO ENTRE o físico e o espírito ultrapassa os conhecimentos da medicina atual. Mas a vida nos está ensinando, agora, que o desarranjo provocado no corpo se estende ao espírito, na forma de sofrimentos, da mesma maneira que o desarranjo do espírito se reflete de imediato no corpo. A cólera, por exemplo, desencadeia reações orgânicas que vão alcançar, de retorno, o espírito, na forma de desequilíbrio moral. Da mesma maneira que o excesso de alimentação provoca problemas às vezes imediatos no corpo físico, estendendo-se ao espírito em reações de desânimo ou mesmo revolta.

André Luiz desce aos detalhes na página seguinte, constante do livro *O Espírito da Verdade*, exatamente para nos levar a perceber que o equilíbrio, sempre muito exigente em matéria de conduta pessoal, é um desafio constante e diário, mas indispensável à boa saúde física e espiritual:

Rogativa do estômago

1 - Sou a porta de sua sustentação.
Conserve-me limpo.
2 – Posso trabalhar com segurança.
Não me incline à desordem.
3 – Muita vez clama você contra a carestia.
E despende somas consideráveis para desajustar-me as funções e conturbar-me os serviços.
4 – Não me encha de excessos.
Carregando peso desnecessário é possível venhamos a cair hoje mesmo.
5- Não me faça depósito de condimento demasiado.
Obedecendo às leis orgânicas, transmitirei ao seu próprio sangue os venenos que você me impuser.
6 – Não me dê bebidas alcoólicas.

Se você fizer isso, não garantirei a sua própria cabeça.

7 – Rogo a você afastar-me de todo entorpecente, a não ser por ocasião de tratamentos excepcionais. Pequena drágea para repouso inconveniente pode, em verdade, aproximar-nos da morte.

8 -Não desejo e nem posso alimentar-me exclusivamente com recursos celestes.

Peço apenas a você discernimento e equilíbrio.

9 – Governe-me contra as sugestões da mesa festiva, mesmo nos mais simples prazeres familiares.

Tenho comigo a chave da sua própria harmonia.

10 – Não me diga que morrerá de fome porque não disponha de mesa lauta.

Por amor de Deus, não olvide que a maior parte das enfermidades vem do prato abundante e que nós não vivemos para comer, mas comemos simplesmente para viver.

29

ALGUMAS IDEIAS LUMINOSAS

Mudando de roupagem e estilo, as regras para a felicidade são sempre aquelas que a vida apresenta. A própria natureza nos mostra caminhos e comportamentos ideais. Mas, em razão de nossa situação íntima, cultural ou sentimental, precisamos esmiuçar o conhecimento, para que ele seja oferecido a cada criatura na medida certa de sua possibilidade de compreensão.

Todos os interessados em auxiliar os outros são portadores de ideias preciosas; mas as que realmente valem são aquelas que conseguimos levar para a vida prática, experimentando-as na liça diária, e sentindo o seu valor para, enfim, incorporá-las à nossa bagagem.

Sob este ponto de vista, os vinte conselhos que Humberto de Campos nos apresenta, a seguir, podem ser as ideias luminosas de que precisamos, para vencer mais uma etapa da vida. A psicografia é, mais uma vez, de Chico Xavier:

Roteiro

1 – *O maior e melhor amigo*
   Deus
2 – *Os melhores companheiros*
   Os pais
3 – *A melhor casa*
   O lar
4 – *A maior felicidade*
   A boa consciência
5 – *O mais belo dia*
   Hoje
6 – *O melhor tempo*
   Agora
7 – *A melhor regra para vencer*
   A disciplina
8 – *O melhor negócio*
   O trabalho

9 – *O melhor divertimento*
O estudo
10 – *A coleção mais rica*
A das boas ações
11 – *A estrada mais fácil para ser feliz*
O caminho reto
12 – *A maior alegria*
O dever cumprido
13 – *A maior força*
O bem
14 – *A melhor atitude*
A cortesia
15 – *O maior heroísmo*
A coragem de ser bom
16 – *A maior falha*
A mentira
17 – *A pior pobreza*
A preguiça
18 – *O pior fracasso*
O desânimo
19 – *O maior inimigo*
O mal
20 – *O melhor dos esportes:*
A prática do bem.

30

GRANDEZA NA SIMPLICIDADE

Um dos enganos da vida é imaginar que tudo pode quem tudo tem. Muitas vezes, aquele que tem aparentemente tudo realiza bem menos do que o que aparentemente nada possui. A sabedoria está em fazer bastante com o pouco de que se dispõe, segundo a parábola dos talentos, oferecida por Jesus.

A regra vale, também, para o plano individual: cada ser dispõe de quantidade suficiente de elementos para construir a si e renovar o mundo que o contorna. Ninguém sabe tão pouco que não possa ensinar; ninguém sabe tanto que não precise aprender. As palavras seguintes não têm autor conhecido, mas possuem alto significado para cada um de nós. Sigamo-las:

O grande homem

Mantém o seu modo de pensar independentemente da opinião pública.

É tranquilo, calmo, paciente, não grita nem desespera.

Pensa com clareza, fala com inteligência, vive com simplicidade.

É do futuro, e não do passado.

Sempre tem tempo.

Não despreza nenhum ser humano.

Causa a impressão dos vastos silêncios da Natureza: o céu.

Não é vaidoso.

Como não anda à cata de aplausos, jamais se ofende.

Possui sempre mais do que julga merecer.

Está sempre disposto a aprender, mesmo das crianças.

Vive dentro de seu próprio isolamento espiritual, aonde não chegam nem o louvor nem a censura.

Não obstante, seu isolamento não é frio: ama, sofre, pensa, compreende.

O que você possui: dinheiro ou posição social,

nada significa para ele. Só lhe importa o que você é.

Despreza a opinião própria, tão depressa verifica o seu erro.

Não respeita usos estabelecidos e venerados por espíritos tacanhos.

Respeita somente a verdade.

Tem mente de homem e coração de menino.

Conhece-se a si mesmo, tal qual é, e conhece a Deus.

31

DISTRIBUINDO FLORES E PERFUMES

NA CONSTRUÇÃO DO destino, as energias permutadas se transformam em estímulo e realizações. Todos precisamos receber, mas todos temos também algo a dar. O amor em sua expressão profunda é a síntese da troca: damos e recebemos, porque não pode haver amor só de um. Por mais pobre que seja alguém, terá ele sempre algo a dar; por mais sofrimentos que acumulemos, haverá necessariamente oportunidade de oferecer alguma coisa útil. Não raro, os doentes que visitamos acabam servindo de reconforto para nós mesmos. Um pouco que se ofereça pode significar tudo o que o outro precisa; mas pode voltar para nós, também, na forma de realização superior. Um simples sorriso pode se transformar numa grande dádiva, como ensina o desconhecido autor da página seguinte:

Valor de um sorriso

Não custa nada e rende muito.

Enriquece quem o recebe, sem empobrecer quem o dá.

Dura somente um instante, mas seus efeitos perduram para sempre.

Ninguém é tão rico que dele não precise.

Ninguém é tão pobre que o não possa dar a todos.

Leva a felicidade a todos e a toda parte.

É o símbolo da amizade, da boa vontade. É alento para os desanimados; repouso para os cansados; raio de sol para os tristes; ressurreição para os desesperados.

Não se compra e nem se empresta.

Nenhuma moeda do mundo pode pagar o seu valor.

Não há ninguém que precise tanto de um sorriso como aquele que não sabe mais sorrir.

32

NA TELA DO RECONHECIMENTO

Quando a tela mental reflete pensamentos de equilíbrio, o ser se torna um ímã, a atrair para si as belezas do Universo. O grande aprendizado da nossa época, e ao mesmo tempo, o grande desafio que enfrentamos, é a conquista da regularidade no pensamento, de modo que possamos substituir a sua constante atual entre o bem e o mal, por uma estabilidade efetiva.

Este trabalho interno, a desenvolver-se no íntimo da alma, trará para nós a felicidade e a paz, a tranquilidade e a franqueza, a doçura e a fidelidade à verdade. Até lá, pensemos no bem, meditando sobre páginas que nos tragam a saúde espiritual, como nesta página escrita por Don Ramon Angel Jara:

Retrato de mãe

Uma simples mulher existe que, pela imensidão de seu amor, tem um pouco de Deus; e pela constância de sua dedicação, tem muito de anjo; que, sendo moça, pensa como uma anciã e, sendo velha, age com as forças todas da juventude; quando ignorante, melhor que qualquer sábio desvenda os segredos da vida, e, quando sábia, assume a simplicidade das crianças; pobre, sabe enriquecer-se com a felicidade dos que ama, e, rica, empobrecer-se para que seu coração não sangre ferido pelos ingratos; forte, entretanto estremece ao choro de uma criancinha, e, fraca, entretanto se alteia com a bravura dos leões; viva, não lhe sabemos dar valor porque à sua sombra todas as dores se apagam, e, morta, tudo o que somos e tudo o que temos daríamos para vê-la de novo, e dela receber um aperto de seus braços, uma palavra de seus lábios. Não exijam de mim que diga o nome dessa mulher, se não quiserem que ensope de lágrimas esta álbum porque eu a vi passar no meu caminho. Quando crescerem seus filhos, leiam para eles esta página: eles lhes cobrirão de beijos a fronte; e dirão que um *pobre viandante, em troca de suntuosa hospedagem recebida, aqui deixou para todos o retrato de sua própria MÃE...*

33

COMPREENDENDO O DESTINO INEVITÁVEL

Ante a notícia da morte de destacada figura, o mundo se cobre de luto e a tristeza se espalha sobre as cabeças dos vivos. O locutor informa sobre o fato com voz pesada; a TV retrata o acontecimento a nível de perda irremediável; o pranto e a comoção obnubilam a sociedade. Tudo isso mais não é que o reflexo de uma civilização construída e educada para fugir da morte e amaldiçoá-la sempre.

Os mortos, no entanto, já dizia Victor Hugo, não são os ausentes, mas os invisíveis. Há muito que a morte, como destruidora da vida, deixou de existir, para em seu lugar surgir, luminosa, a certeza de um amanhã em que os seres se reencontram, para bendizer a vida que continua, infinita. É o que nos diz Amado Nervo, nesta sua página:

Não morreram, partiram antes

Choras teus mortos com tamanho desconsolo que, dir-se-ia, és imortal.

No dead, but gone before, diz sabiamente o prolóquio inglês.

Não morreram, partiram antes.

Tua impaciência se move como loba faminta, ansiosa de devorar enigmas.

Pois não morrerás logo depois, e forçosamente não virás a saber a solução de todos os problemas que são de uma diáfana e deslumbrante sutilidade?

Partiram antes... Por que interrogá-los com nervosa insistência?

Deixa que eles sacudam o pó do caminho, que descansem no regaço do Pai e ali curem as feridas de seus pés andarilhos; deixa que ponham seus olhos nos verdes prados da paz...

O trem espera. Por que não preparar o bornal de viagem? Esta seria mais prática e eficaz tarefa.

Ver teus mortos é de tal modo premente e inevitável que não deves alterar com a menor ansiedade as poucas horas de teu repouso.

Eles, com um conceito total do tempo, cujas barreiras transpuseram de um salto, também te aguardam tranquilamente. Foi que simplesmente tomaram um dos trens anteriores.

34

A CASA DO GRANDE HOMEM

O AMIGO VERDADEIRO, capaz de tudo, é o motivo de nossa intensa procura. Nele pomos nossa atenção quando descobrimos uma amizade promissora; para ele voltamos nossa esperança, quando a cortesia de alguém nos cumula de apoio. De tal monta é a necessidade que temos de possuir um grande amigo, que chegamos a afirmar que os companheiros são muitos, mas os amigos, poucos.

Tudo isto porque quem tem um amigo, um grande amigo, não nada na solidão, não cai em desespero, não experimenta amarguras, não contrai dívidas impagáveis, não passa frio ou fome, não precisa mendigar, não tem sonhos irrealizáveis, não carece de amor. O grande amigo a tudo atende, é fiel e perfeito, é, enfim, amigo.

Pois este ser que se deseja talvez more lá onde nós moramos. Quem sabe ele não é você? Terá sido pela esperança de encontrá-lo em você que alguém, que não identificamos, escreveu esta belíssima página?

Procura-se um amigo

Não precisa ser homem, basta ser humano, basta ter sentimento, basta ter coração.

Precisa saber falar e saber calar; sobretudo, saber ouvir.

Tem que gostar de poesia, da madrugada, de pássaros, do sol, da luz, do canto dos ventos e do murmúrio das brisas.

Deve ter amor, um grande amor por alguém, ou então sentir falta de não ter esse amor. Deve amar ao próximo e respeitar a dor que todos os passantes levam.

Deve guardar segredo sem se sacrificar.

Não é preciso que seja de primeira mão, nem mesmo é imprescindível que seja de segunda mão;

pode já ter sido enganado (todos os amigos são enganados).

Não é preciso que seja puro, nem que seja de todo impuro, mas, não deve ser vulgar.

Deve ter um ideal e medo de perdê-lo; no caso de assim não ser, deve sentir o grande vácuo que isso deixa.

Tem que ter ressonâncias humanas; seu principal objetivo deve ser de ser amigo; deve sentir pena das pessoas tristes e compreender o imenso vazio dos solitários.

Deve ser dom Quixote sem, contudo, desprezar Sancho Pança.

Deve gostar de crianças, lastimar as que não puderam nascer e as que não puderam viver.

Procura-se um amigo para gostar dos mesmos gostos; que se comova quando chamado de amigo; que saiba conversar de coisas simples, de orvalho, de grandes chuvas e de recordações da infância.

Precisa-se de um amigo para não enlouquecer, para se contar o que se viu de belo ou triste durante o dia, dos anseios e das realizações, dos sonhos e da realidade.

Deve gostar de ruas desertas, de poças de chuva,

de caminhos molhados, de beira de estrada, do mato depois da chuva e de se deitar no capim.

Precisa-se de um amigo que diga que vale a pena viver, não porque a vida é bela, mas porque já se tem um amigo.

Precisa-se de um amigo para se parar de chorar, para não se viver debruçado no passado em busca de memórias queridas.

Precisa-se de um amigo que nos bata no ombro, sorrindo e chorando, mas que nos chame de amigo.

Precisa-se de um amigo que creia em nós.

Precisa-se de um amigo para se ter consciência de que ainda se vive.

35

RECORDANDO
VELHAS MENSAGENS

Caminhamos em larga estrada de mão dupla: temos presente, sempre, a possibilidade de vislumbrar o final e nele encontrar o destino, pronto, à nossa espera. A sabedoria, contudo, nos mostra que esta estrada não nos leva ao amanhã, porque é ela própria o amanhã. Cada passo representa atingir um ponto novo e abandonar outro, velho. Nessa estrada, presente e passado se confundem de tal forma, que não deixam possibilidades para o futuro. O que é, afinal o futuro, senão o nosso presente? O que será o amanhã, senão o que estamos construindo agora?

Caminhar por esta estrada, tendo em mente o objetivo do equilíbrio, compreendendo e realizando, tal é a nobre tarefa do ser. Vale, portanto, recordar velhos ensinamentos, na condição de aprendizes de caminhada, como nesta página de Emmanuel, recebida por Chico Xavier:

Lembrança fraternal aos enfermos

Queres o restabelecimento da saúde do corpo e isso é justo. Mas, atende ao que te lembra um amigo que já se vestiu de vários corpos e compreendeu, depois de longas lutas, a necessidade da saúde espiritual.

A tarefa humana já representa, por si, uma oportunidade de reerguimento aos espíritos enfermos. Lembra-te, pois, de que tua alma está doente e precisa curar-se sob os cuidados de Jesus, o nosso Grande Médico.

Nunca pensaste que o Evangelho é uma receita geral para a humanidade sofredora?

É muito importante combater as moléstias do corpo; mas, ninguém conseguirá eliminar efeitos quando as causas permanecem. Usa os remédios humanos, porém, inclina-te para Jesus e renova-te, *espiritualmente, nas lições de seu amor. Recorda que Lázaro, não obstante voltar do sepulcro, em sua carne, pela poderosa influência do Cristo, teve de entregar seu corpo ao túmulo, mais tarde. O Mestre chamava-o a novo ensejo de iluminação da alma imperecível, mas não ao absurdo privilégio da carne imutável.*

Não somos us células orgânicas que se agrupam, a nosso serviço, quando necessitamos da experiência terrestre. Somos espíritos imortais e esses microorganismos são naturalmente intoxicados, quando os viciamos ou aviltamos, em nossa condição de rebeldia ou de inferioridade.

Os estados mórbidos são reflexos ou resultantes de nossas vibrações mais íntimas. Não trates as doenças com pavor e desequilíbrio das emoções. Cada uma tem sua linguagem silenciosa e se faz acompanhar de finalidades especiais.

A hepatite, a indigestão, a gastralgia, o resfriado são ótimos avisos contra o abuso e a indiferença. Por que preferes bebidas excitantes, quando sabes que a água é boa companheira, que lava os piores detritos humanos?

Por que o excesso dos frios no verão e a demasia de

calor nos tempos de inverno? Acaso ignoras que o equilíbrio é filho da sobriedade? O próprio irracional tem uma lição de simples impulso, satisfazendo-se com a sombra das árvores na secura do estio e com a bênção do sol nas manhãs hibernais. Pela tua inconformação e indisciplina, desordenas o fígado, estragas os órgãos respiratórios, aborreces o estômago. Observamos, assim, que essas doenças-avisos se verificam por causas de ordem moral. Quando as advertências não prevalecem, surgem as úlceras, as congestões, as nefrites, os reumatismos, as obstruções, as enxaquecas. Por não se conformar o homem, com os desígnios do Pai que criou as leis da natureza como regulamentos naturais para a sua casa terrestre, submete as células que o servem ao desregramento, velha causa de nossas ruínas.

E que dizermos da sífilis e do alcoolismo procurados além do próprio abuso?

Entretanto, no capítulo das enfermidades que buscam a criatura, necessitamos considerar que cada uma tem sua função justa e definida.

As moléstias dificilmente curáveis, como a tuberculose, a lepra, a cegueira, a paralisia, a loucura, o câncer, são escoadouros das imperfeições. A epi-

demia é uma provação coletiva, sem que essa afirmativa, no entanto, dispense o homem do esforço para o saneamento e higiene de sua habitação. Há dores íntimas, ocultas ao público, que são aguilhões salvadores para a existência inteira. As enfermidades oriundas dos acidentes imprevistos são resgates justos. Os aleijões são parte integrante das tabelas expiatórias. A moléstia hereditária assinala a luta merecida.

Vemos, portanto, que a doença, quando não seja a advertência das células queixosas do tirânico senhor que as domina, é a mensageira amiga convidando a meditações necessárias.

Desejas a cura, é natural; mas, precisas tratar-te a ti mesmo para que possas remediar ao teu corpo. Nos pensamentos ansiosos, recorre ao exemplo de Jesus. Não nos consta que o Mestre estivesse algum dia de cama; todavia, sabemos que ele esteve na cruz. Obedece, pois, a Deus e não te rebeles contra os aguilhões. Socorre-te do médico do mundo ou de teu irmão do plano espiritual, mas, não exijas milagres, que esses benfeitores da Terra e do céu não podem fazer. Só Deus te pode dar acréscimo de misericórdia, quando te esforçares por compreendê-lo.

Não deixes de atender às necessidades de teus órgãos materiais que constituem a tua vestimenta no mundo; mas, lembra-te do problema fundamental que é a posse da saúde para a vida eterna. Cumpre teus deveres, repara como te alimentas, busca prever antes de remediar e, pelas muitas experiências dolorosas que já vivi no mundo terrestre, recorda comigo aquelas sábias palavras do Senhor ao paralítico de Jerusalém: "Eis que já estás são; não peques mais, para que não te suceda alguma coisa pior".

36

A SABEDORIA DA SAÚDE

Saúde é atividade, ação, trabalho! Doença é ociosidade, ausência de bem, passiva espera do incerto. Enquanto agimos, ocupamos a mente, exercitamos a razão, desenvolvemos o sentimento e construímos o destino. Servimos à vida, para que a vida nos sirva. A espera é positiva quando conscientemente tranquila, paciente, convicta.

A saúde está, indiscutivelmente, ligada ao ato de ser útil, porque a utilidade é serviço para o próximo, como bem nos diz Gabriela Mistral, neste seu poema que encerra este nosso livro:

O prazer de servir

Toda a natureza é um anelo de servir.

Serve a nuvem, serve o vento, serve a chuva.

Onde haja uma árvore para plantar, planta-a tu; onde haja um erro para corrigir, corrige-o tu; onde haja um trabalho e todos se esquivem, aceita-o tu.

Sê o que remove a pedra do caminho, o ódio entre os corações e as dificuldades do problema.

Há a alegria de ser puro e a de ser justo; mas há sobretudo, a maravilhosa, a imensa alegria de servir.

Que triste seria o mundo se tudo se encontrasse feito, se não existisse uma roseira para plantar, uma obra para iniciar!

Não te chamem unicamente os trabalhos fáceis. É muito mais belo fazer aquilo que os outros recusam.

Mas não caias no erro de que somente há méritos nos grandes trabalhos; há pequenos serviços que são bons serviços; adornar uma mesa, arrumar teus livros, pentear uma criança.

Aquele é o que critica; este é o que destrói: sê tu o que serve.

O servir não é faina de seres inferiores. Deus, que dá os frutos e a luz, serve. Seu nome é: "Aquele que serve". Ele tem os olhos fixos em nossas mãos e nos pergunta cada dia: Serviste hoje? A quem? À árvore? A teu irmão? A tua mãe?

OBRAS DE WILSON GARCIA

1 – *O centro espírita* – Coedição USE/Correio Fraterno do ABC
2 – *O corpo fluídico* – Editora Eldorado/EME
3 – *Médicos médiuns (opúsculo)* – Correio Fraterno do ABC
4 – *O centro espírita e suas histórias* USE, São Paulo
5 – *Você e os espíritos* – Coedição Eldorado/EME
6 – *Cairbar Schutel, o bandeirante do espiritismo*/ Editora O Clarim
7 – *VINICIUS – Educador de almas* – Parceria com Eduardo Carvalho Monteiro – Eldorado/EME
8 – *Você e o passe* – Parceria com Wilson Francisco – Eldorado/EME

9 – *Uma janela para Kardec* – Eldorado/EME
10 – *Você e a obsessão* – Eldorado/EME
11 – *Kardec é razão* – Eldorado/EME
12 – *Entre o espírito e o mundo* – Eldorado/EME
13 – *Você e a reforma íntima* – Eldorado/EME
14 – *Nosso centro* – Eldorado/USE
15 – *Mensagens de saúde espiritual (Antologia)* – Editora EME
16 – *Chico, você é Kardec?* – Eldorado/EME
17 – *Espiritismo cultural* – Eldorado/EME
18 – *Ao cair da tarde* – Eldorado/EME
19 – *Vidas – memórias e amizades* – Eldorado EME
20 – *365 momentos espirituais com Herculano Pires* – EME

Livros traduzidos/complementados
21 – *Herculano Pires, filósofo e poeta (Humberto Mariotti/Clóvis Ramos)* Correio Fraterno do ABC
22 – *Victor Hugo espírita (Humberto Mariotti)* Eldorado/EME
23 – *O fantasma de Canterville* (Oscar Wilde) Eldorado/EME

24 – *O destino de Lorde Arthur Saville*
    (Oscar Wilde) Eldorado/EME
25 – *Cérebro e pensamento* (e outras monografias)
    (Ernesto Bozzano) IDEBA

Conheça também:

Kardec é razão
Wilson Garcia
Biográfico • 14x21 • 192 pp.
O pensamento de Herculano, na visão lúcida de Wilson Garcia, produziu o livro que facilitará o trabalho dos expositores que desejem falar sobre esse grande autor de obras espíritas e não espíritas.

O segredo das bem-aventuranças
José Lázaro Boberg
Doutrinário • 16x23 • 336 pp.
Mostra o que devemos fazer em nossa jornada evolutiva, para merecer as bem-aventuranças prometidas por Jesus em seu célebre Sermão da Montanha, enfatizando com convicção que precisamos apenas colocar em prática as mudanças de atitude propostas pelo mestre.

Conheça também:

**Doca e o menino
- O laço e o silêncio**

Wilson Garcia
J. W. Rochester (espírito)
Romance mediúnico
• 14x21 • 176 pp.

Esta é uma história cheia de ternura para ser lida com o coração, pois foi o coração que a escreveu com sensibilidade. O relato emocionado de uma vida difícil, porém vivida em sua plenitude, onde foram aproveitadas todas as oportunidades para crescer, sem esquecer os sonhos e as aspirações.

Peça e receba – O Universo conspira a seu favor

José Lázaro Boberg
Autoajuda
• 16x22,5 • 248pp.

Neste livro, José Lázaro Boberg vem demonstrar, narrando fatos reais, que é possível realizar qualquer sonho que seja realmente perseguido e trabalhado por aquele que deseja vê-lo tornar-se realidade. Mas, também, nos adverte que isso é possível tanto para quem deseja o bem ardentemente quanto para aqueles que, equivocadamente, permanecem atrelados ao mal.

Conheça também:

A vingança do judeu

Vera Kryzhanovskaia
J. W. Rochester (espírito)
Romance mediúnico
• 16x22,5 • 424 pp.

O clássico romance de Rochester agora pela EME, com nova tradução, retrata em cativante história de amor e ódio, os terríveis fatos causados pelos preconceitos de raça, classe social e fortuna e mostra ao leitor a influência benéfica exercida pelo espiritismo sobre a sociedade.

Getúlio Vargas em dois mundos

Wanda A. Canutti
Eça de Queirós (espírito)
Romance mediúnico
• 16x22,5 • 344pp.

Getúlio Vargas realmente suicidou-se? Como foi sua recepção no mundo espiritual? Qual o conteúdo da nova carta à nação, escrita após sua desencarnação? Saiba as respostas para estas e outras perguntas, agora em uma nova edição, com nova capa, novo formato e novo projeto gráfico.

---

*Não encontrando os livros da EME na livraria de sua preferência,
solicite o endereço de nosso distribuidor mais próximo de você através de
Fones: (19) 3491-7000 / 3491-5449
(claro) 99317-2800 (vivo) 99983-2575 ✆
E-mail: vendas@editoraeme.com.br – Site: www.editoraeme.com.br*